AF263446

RÉPUBLIQUE FRANÇAISE

MINISTÈRE DE L'INTÉRIEUR

DIRECTION DE L'ASSISTANCE ET DE L'HYGIÈNE PUBLIQUES

NOTICE

SUR

L'ÉTABLISSEMENT THERMAL

D'AIX-LES-BAINS

MELUN

IMPRIMERIE ADMINISTRATIVE

1900

AIX-LES-BAINS

L'ÉTABLISSEMENT THERMAL

RÉPUBLIQUE FRANÇAISE

MINISTÈRE DE L'INTÉRIEUR

DIRECTION DE L'ASSISTANCE ET DE L'HYGIÈNE PUBLIQUES

NOTICE

SUR

L'ÉTABLISSEMENT THERMAL

D'AIX-LES-BAINS

MELUN

IMPRIMERIE ADMINISTRATIVE

1900

ÉTABLISSEMENT THERMAL

D'AIX-LES-BAINS (Savoie)

DIRECTION DE L'ÉTAT

Grand Prix unique à l'Exposition universelle de 1889.

Durée du trajet par trains express : de Paris, 9 h. 24 ; — de
Lyon, 2 h. 15 ; — d'Annecy, 1 h. 20 ; — de Grenoble, 3 h. ; —
de Marseille, 11 h. ; — de Genève, 2 h. 21 ; — de Londres, 18 h. ;
de Turin, 8 h. — *Trains omnibus,* un tiers en plus, environ.

Aix-les-Bains, en Savoie, est situé à 260 mètres au-dessus du
niveau de la mer, au milieu d'une vallée verdoyante que les
montagnes environnantes, ni trop élevées, ni trop proches, ne

retrécissent ni n'étouffent. La première impression que l'on y éprouve, en arrivant, est une profonde admiration à la vue du superbe lac du Bourget, d'aspect sévère et vraiment merveilleux, qui a inspiré à Lamartine l'une de ses plus belles *Méditations* ; petite mer bleue, que l'on aperçoit de toutes les hauteurs et qu'encadrent au levant et au couchant deux superbes montagnes, le Nivollet et la Dent du Chat, l'une constamment baignée de lumière, et l'autre, au contraire, projetant ses ombres démesurées sur le lac qui s'étend à ses pieds.

Aix-les-Bains, où l'on arrive par la ligne Paris-Lyon-Méditerranée, qu'on vienne de France, de Suisse ou d'Italie, est une jolie ville, élégante, propre, adossée aux derniers contreforts du mont « Revard », dont les coteaux sont émaillés de somptueux hôtels et de riches villas. Sa population est de 9.000 habitants environ.

On y trouve toutes les ressources et toutes les distractions d'une grande ville : des hôtels, des pensions et des restaurants de tout ordre, des villas, des logements avec cuisine pour familles, où l'on rencontre une propreté irréprochable, deux cercles-casinos, des voitures publiques et particulières pour les nombreuses et intéressantes excursions à faire dans les environs, des chevaux de selle, des barques et bateaux à vapeur pour promenade sur le lac et sur le Rhône, etc.

Le climat de la région d'Aix est des plus doux, rafraîchi pendant les grandes chaleurs par les brises salubres qui viennent des Alpes ; la température moyenne est de 13° 6 et une végétation presque méridionale permet dans la vallée même d'Aix la culture en pleine terre du magnolia, du grenadier et du figuier. « L'étonnante variété des expositions et des sites, disait Mr de Verneilh, dans la statistique générale de France en 1807, permet dans certaines vallées, notamment dans celle de Chambéry, de faire usage pendant longtemps des fruits printaniers, dont la jouissance dans les pays de plaine n'est que momentanée et passagère ; la fraise, par exemple, y dure près de six mois. On peut joindre les productions du printemps à celles de l'automne et réunir sur la même table, les fraises, les cerises et les raisins. »

L'air, sur les bords du lac du Bourget, est d'une pureté idéale
de cristal, et nul doute qu'avec le calme qu'on rencontre dans
toute cette région, le repos que peuvent y goûter les neuras-
théniques et les personnes à tempérament excitable, il n'exerce
un véritable effet sédatif sur certaines catégories de malades.

« Vraiment, dit le guide de la société médicale d'Aix, nous
défions toute station au monde d'offrir chez elle et autour d'elle un
tel ensemble de paysages, charmants ou grandioses, puisque de
l'adorable vallée d'Aix, il est facile de se transporter en quelques
heures jusqu'au mont Blanc ou dans la Tarentaise, la Maurienne,
le Dauphiné, les massifs de la Grande Chartreuse ou du Jura;
chacun de ces massifs ne se ressemblant pas, ayant sa physio-
nomie propre, sa beauté toute personnelle. »

Le séjour à Aix est des plus attrayants; on y voit réunis
tous les éléments d'une prospérité qui remonte au temps des
Romains, si l'on en juge par les précieux restes qu'ils ont
laissés.

Pendant la saison des eaux, la population est plus que triplée.
Des milliers de personnes s'y rendent en effet, les unes simple-
ment attirées par la beauté d'un pays où tout est enchantement
pour les yeux et où tout chemin est une promenade charmante,
par les distractions qu'offrent les cercles-casinos, admirablement et luxueusement installés, avec des salles de théâtre, où
les meilleurs artistes viennent tous les ans jouer l'opéra et la
comédie; les autres pour y rechercher les soins que réclame
leur santé, car, en principe, c'est surtout à ses eaux thermales,
carbonatées-calcaires, sulfureuses, qu'Aix doit cette vogue
considérable, qui en fait, sans contredit, la première station
thermale de France.

On fait à Aix, outre la saison d'été, des saisons de printemps,
depuis les premiers jours d'avril, et des saisons d'automne jusqu'aux derniers jours d'octobre. Les Anglais affectionnent
particulièrement ces saisons extrêmes, soit en quittant l'Angle-
terre pour se rendre en Italie, soit en rentrant dans leur pays,
après un séjour d'hiver sur les bords de la Méditerranée.

Aix-les-Bains est du reste chaque année fréquenté par un très grand nombre d'Anglais, d'Américains, de Hollandais, de Suédois et de Russes, dont la plupart, admirateurs passionnés de ce délicieux séjour, ont tenu à contribuer de leurs deniers à l'amélioration et à la prospérité de la station thermale.

La saison proprement dite commence le 1ᵉʳ avril pour ne finir que le 15 novembre, mais l'établissement thermal, qui est une propriété de l'État, régi par un directeur, dépendant du ministère de l'Intérieur (direction de l'Assistance et de l'Hygiène publiques) reste en partie ouvert toute l'année.

On peut le visiter, en dehors des heures de service et accompagné par le concierge.

Cet établissement, de vastes dimensions, qui fut successivement édifié de 1786 à 1861, agrandi depuis par suite de la construction d'un bâtiment nouveau, Annexe sud, agencé avec tout le confort possible, a été encore en 1898 et 1899 l'objet d'importantes améliorations; une nouvelle annexe, dite division de luxe, a été construite, avec tous les perfectionnements connus; elle comprend des salles de bains et de douches, toutes revêtues de faïence Sarreguemines, qui font de cette partie de l'établissement un modèle du genre, en état de rivaliser avec les plus beaux établissements thermaux français et étrangers.

L'établissement thermal d'Aix-les-Bains est surtout remarquable par le nombre et la variété des appareils qu'il possède, il comprend en effet :

1° 45 baignoires, dont 9 sont annexées à des cabinets de douches pour l'administration successive et sans déplacement de la douche et du bain, et 6 sont alimentées par l'eau minérale réfrigérée, qui permet de donner des bains avec de l'eau minérale non additionnée d'eau froide. Dans la division des dames, chaque cabine de bains est munie d'un appareil destiné à l'administration des irrigations vaginales.

2° 6 piscines, dont 2 très grandes de 110 mètres cubes chacune, très belles, très confortables, propres à la natation et alimentées par l'eau minérale pure, ramenée à une température de 35° centigrades ou 95° Fahrenheit; de dix à onze heures du matin la température des deux plus grandes piscines est ramenée à 30° centigrades, 86° Fahrenheit.

Deux de ces piscines sont plus spécialement destinées aux enfants; elles peuvent, à certaines heures, être réservées pour les familles.

3° 2 grandes salles d'hydrothérapie admirablement installées et munies de tous les appareils modernes (douches en jet, en cercle, en pluie, etc.) avec piscine à eau froide et étuve.

4° 29 cabines de douche-massage à deux masseurs ou masseuses ;

5° 17 cabines de douche-massage à un masseur ou masseuse;

6° 7 douches locales d'eau avec masseur ou masseuse;

7° 4 bains locaux de vapeur, dits « Berthollet », avec masseur ou masseuse ;

8° 2 caisses de vapeur dites « générales »;

9° 12 salles de vapeur dites « Bouillon »;

10° 1 salle de humage;

11° 1 salle d'inhalation;

12° 2 salles de pulvérisation contenant 12 tables munies d'appareils de Sales-Giron;

13° 4 cabines pour douches ascendantes;

14° 2 cabines pour bains de pieds à eau courante;

15° 3 buvettes gratuites dont 1 pour gargarismes.

Dans toutes les douches de vapeur, celle-ci provient uniquement de l'eau thermale, sans chauffage étranger.

Deux sources thermales, dites source de soufre et source d'alun, et qui viennent sourdre à une distance de 80 mètres environ l'une de l'autre, alimentent, en confondant leurs eaux, les douches–massages, les étuves et les bains en piscine ou en baignoire; elles fournissent le débit énorme de quatre millions de litres en vingt-quatre heures, soit, en y ajoutant l'eau froide, captée pour les besoins de l'hydrothérapie froide et des douches écossaises, de près de six millions de litres.

On se rendra compte des ressources offertes à l'hydrothérapeutique par ce seul fait qu'il n'est pas employé, pour une seule personne, moins de 140 barriques d'eau, afin de produire la vapeur nécessaire pendant 30 minutes seulement, à un bain de vapeur, ou à une douche locale de vapeur.

Les eaux des deux sources ont des caractères chimiques et physiques presque identiques et c'est à tort que l'on a dénommé la source Saint-Paul, source d'alun, attendu qu'elle ne contient pas de traces de ce corps.

L'eau thermale d'Aix est claire, d'odeur légèrement sulfureuse, de réaction alcaline; elle marque au sulfhydromètre de Dupasquier 4°, et a une température de 44° à la source de soufre et de 47° à celle d'alun.

Elle contient en suspension des flocons et des filaments blanchâtres de barégine, matière onctueuse et grasse qui la rend essentiellement propre au massage. La composition chimique des deux sources, d'après l'analyse faite en 1878 par M. Willm, est la suivante :

	SOURCES	
	DE SOUFRE	D'ALUN
Hydrogène sulfuré libre	$3^{mgr},37$ à $4^{mgr},13$	$3^{mgr},74$
Soufre à l'état d'hyposulfite	$3^{mgr},84$	$3^{mgr},60$
Gaz acide carbonique	$47^{cc},15$	$44^{cc},58$
ou en poids	0,0932	0,0882
Azote	$13^{cc},03$	$12^{cc},5$
		0,1982
Carbonate calcique	0,1894	0,1623
— magnésique	0,0105	0,0176
— ferreux	0,0010	0,0008
Silice	»	0,0175
Total du dépôt par ébullition	0,2009	0,1983

	SOURCES	
	DE SOUFRE	D'ALUN
Silice...............................	0.0479	0,0365
Sulfate de chaux	0,0928	0,0365
— de magnésie	0,0735	0,0493
— de soude	0,0327	0,0545
— d'alumine....................	0,0081	0,0003
Chlorure de sodium..................	0,0300	0,0274
Phosphate de chaux	0,0076	traces
TOTAL des principes restés dissous.	0,2916	0,2461
— — fixes dosés ...	0,4925	0,4433

<table>
<tr><td>SOURCE DE SOUFRE
MATIÉRES ORGANIQUES</td><td>SOURCE D'ALUN
TRÈS VARIABLE</td></tr>
<tr><td>Lithine : traces.. ...
Potassium : douteux.
Strontium : douteux.
Iode : douteux ..... } 0,0050</td><td>Lithine : traces......
Potassium : douteux.
Strontium : douteux.
Iode : douteux...... } 0,0095</td></tr>
</table>

L'addition de l'eau froide dont la température de 11° environ, à l'eau thermale, permet d'administrer des douches et des bains à des températures pouvant osciller entre 14 et 43° centigrades.

A Aix-les-Bains, l'établissement thermal se trouve, par suite de l'inclinaison du sol, adossé aux dernières ondulations du mont Revard et se compose d'un rez-de-chaussée dit « soubassement » et de deux étages. Cette disposition fait que, selon les indications du médecin, on peut administrer des douches dont la pression varie suivant la hauteur des étages.

Le radier du réservoir d'eau d'alun et d'eau froide est à 12 m. 75 au-dessus du soubassement; le radier du réservoir d'eau de soufre à 4 m. 50 au-dessus du sol de ce même soubassement.

La hauteur d'eau dans le réservoir d'eau d'alun et d'eau froide est de 2 m. 88 et de 1 m. 78 dans le réservoir d'eau de soufre.

La pression des douches du soubassement est donc de 15 m. 55 au maximum et l'eau de soufre, dans la salle d'inhalation, se brise contre le couvercle du bassin avec une force de 6 m. 20.

En fait, la pression est de 14 mètres au soubassement, 9 mètres au premier étage, 6 mètres au deuxième étage.

Comme d'un autre côté chaque doucheur-masseur ou masseuse a à sa disposition de l'eau thermale chaude et de l'eau froide qu'il peut mélanger à son gré, suivant les prescriptions médicales, dans des appareils très simples, avant de s'en servir, il en résulte qu'à tous les étages on peut faire de l'hydrothérapie, même dans les piscines où un appareil à eau froide est à la disposition des baigneurs, et qu'il est ainsi facile d'opérer les massages sous des douches à pression plus ou moins forte et à température plus ou moins élevée.

Les cabinets eux-mêmes se prêtent à des traitements différents, suivant qu'ils communiquent avec les couloirs permettant de concentrer la vapeur ou de laisser circuler l'air librement.

Ce système hydrothérapique, pour si varié et si complet qu'il soit, ne constitue pas à lui seul, tant s'en faut, ce qu'on peut appeler *la médication d'Aix*.

Ce qui fait la base du traitement thermal à Aix, la partie essentielle de cette médication spéciale, c'est le massage, le massage local ou général, à pression douce ou énergique, qui permet d'arriver à produire des actions thérapeutiques et modificatrices de l'organisme extrêmement diverses, et qui, grâce à l'inépuisable quantité d'eau dont on peut disposer, s'exerce sous de véritables rivières d'eau courante et imprime de la sorte un cachet caractéristique et particulier à la douche d'Aix.

Ce massage est pratiqué à Aix avec une rare perfection.

Il existe en effet à l'établissement thermal une école de massage, où les masseurs et masseuses suivent tous les ans des cours pratiques et théoriques de massage et d'anatomie générale, que leur font les médecins désignés par la société médicale d'Aix-les-Bains.

« Ces masseurs et masseuses s'initient de bonne heure, dit le guide de la société médicale, aux secrets de la profession et acquièrent à un haut degré la dextérité, la finesse de tact et autres qualités qui leur ont valu, de tout temps, une réputation universelle...... Aussi, à condition de recevoir, pour chaque cas particulier, des indications précises, sont-ils parfaitement en mesure de s'acquitter de leurs fonctions de la façon la plus satisfaisante. Ils peuvent exécuter, selon la prescription, le massage sous toutes les formes: pétrissage, friction, effleurage, hachure, tapotement.»

Sur les 226 employés de l'établissement, les masseurs ou masseuses sont au nombre de 91; presque tous exercent leur art de génération en génération.

La caractéristique de la douche d'Aix, c'est donc le massage sous l'eau thermale, et sa véritable définition, en raison de cette double opération, doit être celle de douche-massage, contrairement à l'erreur qu'il importe de rectifier et qui laisse supposer même parmi les membres du corps médical qui ne savent d'Aix que ce qu'en disent certains traités classiques, que la douche d'Aix est une douche comme une autre, dont elle ne diffère que par l'emploi de l'eau thermale.

A Aix-les-Bains c'est en effet le traitement externe qui domine; l'eau thermale, prise en boisson, n'est qu'accessoire. Ce n'est pas que cette eau, d'une digestion facile, prise à l'intérieur, soit sans efficacité, elle a au contraire des effets diurétiques incontestables.

La douche-massage générale s'administre dans de petites salles de 3 mètres de long sur 2 m. 80 de large, auxquelles sont adjoints des vestiaires plus ou moins luxueux. Quelques-unes de ces douches sont alimentées par l'eau thermale seule, mais la plupart sont pourvues à la fois d'eau thermale et d'eau froide pouvant être mélangées en proportion voulue pour obtenir la température prescrite par le médecin. Il y existe en outre un appareil destiné à administrer la douche en jet, un autre appareil de douche en pluie avec pomme d'arrosoir, enfin un troisième appareil, appelé corbin, servant à l'administration pendant la douche générale, d'une douche locale périnéale et anale.

Les appareils de massage consistent en un banc avec accoudoir et une planche formant plan incliné et sur laquelle le baigneur se place à plat ventre.

SALLE DE DOUCHE-MASSAGE GÉNÉRALE

La durée de la douche-massage est de dix à douze minutes.

Au traitement par la douche-massage viennent s'ajouter d'autres modes de traitement.

D'abord, la douche-massage locale, qui se pratique au moyen d'un jet vertical, avec mélangeur à pression et un écran de bois percé d'orifices au travers desquels le malade, sans se déshabiller complètement, passe seulement le bras ou la jambe, qui est de la sorte soumis à un massage sous l'eau.

Ce sont ensuite les étuves de vapeur dites «bouillons» lorsqu'elles sont générales, et «Berthollet» lorsqu'elles sont locales.

LA SÉANCE DE DOUCHE-MASSAGE

Les bouillons sont des étuves de vapeur générale consistant en une petite chambre où se répand la vapeur qui se dégage naturellement de l'eau thermale à 45° en tombant sous forme de pluie.

Le bouillon est quelquefois donné seul, mais le plus souvent il est prescrit conjointement avec la douche-massage générale, et, dans ce but, chaque bouillon correspond directement avec une douche. Le séjour au bouillon est de trois à dix minutes.

Les «Berthollet» sont des étuves locales de vapeur. Celle-ci, qui est émise par suite d'un dispositif spécial utilisant la chute du réservoir d'alun, est recueillie dans des caissons où sa température varie de 40 à 42° centigrades, et d'où elle est répartie ensuite, soit dans l'étuve en caisse où le corps entier moins la tête est soumis pendant vingt minutes à l'action de la vapeur, soit dans des étuves locales consistant en appareils appropriés pour recevoir les parties malades. Ces bains de vapeur peuvent être suivis de massage à sec.

ÉTUVE LOCALE BERTHOLLET

A cette division se rattache la salle de humage, ainsi que celles de pulvérisation et d'inhalation.

Les bains en baignoires ou en piscine viennent compléter l'ensemble de tous ces modes de traitement.

La douche-massage, ainsi que l'indique le guide de la société médicale d'Aix, a une action physiologique des plus énergiques, et il ne peut en être autrement, action due: 1°à la thermalité, à l'état électrique et à la minéralisation de l'eau; 2° à la percussion de la douche, à son administration; 3° aux pratiques du massage.

Elle se traduit par les propositions suivantes :

1° Diminution pendant la période des douches du volume des urines et apparition très fréquente d'un dépôt de nature uratique pouvant, par son abondance, réclamer l'intervention d'adjuvants diurétiques (eau thermale en boisson, par exemple) ;

2° Augmentation de l'élimination des matériaux solides pris en totalité et des résidus minéraux et organiques considérés chacun en particulier, mais élévation progressive du coefficient de déminéralisation, c'est-à-dire du rapport du résidu minéral au résidu total ;

3° Suractivité des oxydations azotées et sulfurées, démontrée par l'élévation des rapports de l'azote de l'urée à l'azote total d'une part, du soufre acide au soufre total d'autre part ;

4° Diminution très sensible du phosphore organique ;

5° Augmentation considérable de l'élimination de l'acide urique ;

6° Chez les diabétiques et phosphaturiques goutteux ou rhumatisants, diminution notable du sucre et des phosphates.

En résumé, l'effet de la douche-massage d'Aix consiste en une modification profonde de la nutrition. On comprend alors quelle sera sa puissante action chez les rhumatisants et les goutteux.

De ce qui précède, il résulte que nombreuses sont les affections susceptibles d'être guéries ou grandement améliorées par une cure aux eaux d'Aix : « Ces eaux, dit Patissier, sont administrées avec tant d'habileté, sous toutes les formes, qu'elles réussissent dans beaucoup de maladies qui ont déconcerté les gens de l'art et qui paraissent n'offrir aucune chance de guérison. »

Les affections justiciables des eaux sont les suivantes :

En premier lieu le rhumatisme sous toutes ses formes, rhumatisme musculaire, rhumatisme articulaire (hydarthroses, synovites, périarthrites, etc), rhumatisme névralgique (sciatiques, douleurs erratiques, etc), en un mot toutes les affections liées au principe rhumatismal subaigu, chronique simple ou déformant, toutes celles aussi qui dérivent de l'arthritisme, dont Aix est, pour ainsi dire, le spécifique. Viennent ensuite la goutte articulaire chronique (goutte atonique) ; les affections consécutives de traumatismes, contusions, entorses, fractures, raideurs articulaires, pseudo-ankyloses, atrophies musculaires ; la syphilis, lorsqu'il s'agit d'activer la nutrition et de favoriser l'assimilation et l'élimination des agents médicamenteux spécifiques ; le diabète arthritique ; l'obésité, les athrophies musculaires de cause nerveuse, les névrites périphériques ; les maladies de la peau d'origine arthritique ; enfin, certaines affections intérieures chez la femme, telles que la métrite cervicale et les inflammations péri-annexielles anciennes.

A chaque affection, à chaque cas particulier, correspond nécessairement un traitement spécial que seuls les médecins consultants d'Aix sont en situation, en raison de leur très grande compétence, d'indiquer d'une façon précise.

Ceux-ci possèdent à Aix toutes les ressources d'appareils variés, de température, de pression, etc., qui leur permettent de faire administrer à leurs malades des douches-massages générales ou locales, auxquelles on peut, suivant le cas, associer l'étuve de vapeur dite bouillon, le bain local de vapeur dit Berthollet, le bain de baignoire, etc., et produire de la sorte à volonté des effets physiologiques différents, excitants, sédatifs, perturbateurs ou révulsifs.

Les baigneurs doivent donc se garder de se traiter seuls, même quand ils reviennent pour la deuxième et troisième fois aux eaux. De même que ce serait pour eux une grave erreur de croire qu'en multipliant les opérations balnéaires ou en forçant les doses prescrites, ils arriveront plus vite à la guérison.

Ces imprudences sont souvent punies par les plus graves accidents, surtout à Aix, où la médication est plus peut-être que partout ailleurs loin d'être indifférente. Les malades ne doivent pas oublier qu'il n'y a pas de formules générales de traitement à Aix et qu'en conséquence le médecin doit toujours et dans tous les cas être consulté.

Il est bon aussi que les malades, les rhumatisants surtout, sachent que l'amélioration de leur état ne se manifestera quelquefois bien franchement que plus ou moins longtemps après leur séjour aux eaux.

La durée du traitement est de 25 à 30 jours.

L'établissement thermal d'Aix-les-Bains est incontestablement un des plus beaux et un des plus remarquables du monde, non seulement par ses dimensions, mais aussi par suite du nombre et de la variété des opérations balnéaires qui s'y pratiquent.

On jugera de son importance quand on saura que le personnel comprend 226 employés, et qu'en juillet et août, le nombre des douches-massages, des bains et opérations de toute nature, atteint 2.200 à 2.400 par jour.

Pour se faire une idée du reste de l'accroissement qu'a pris et que prend tous les jours l'établissement thermal, il suffit de se reporter un siècle en arrière, en 1800. A cette époque, le nombre des baigneurs qui fréquentaient les thermes d'Aix-les-Bains était de 700 environ et les recettes annuelles s'élevaient à 3.257 francs. Le personnel comprenait alors 8 doucheurs, 8 doucheuses et 8 porteurs.

Cinquante ans plus tard, le nombre des baigneurs est de 2.000 et les recettes atteignent 47.468 fr. 40 ; le personnel se compose à cette même époque de 22 doucheurs ou doucheuses et de 20 porteurs.

En 1899, le chiffre des baigneurs s'élève à 11.000, celui des recettes à 205.000 francs, et le personnel comprend 91 doucheurs-masseurs ou doucheuses-masseuses, 52 porteurs et 83 autres employés.

Les dépenses de construction ou d'acquisition de terrains se sont élevées, pendant cette période de cent ans, à plus de 3 millions environ.

L'établissement thermal est desservi, dans toutes ses parties, par de larges escaliers, par des couloirs suffisamment spacieux et possède au premier étage un hall bien éclairé pouvant servir de salon de repos.

La propreté la plus méticuleuse est de règle dans toutes les divisions; des surveillants, auxquels les baigneurs doivent toujours s'adresser, s'ils ont des renseignements à demander ou des réclamations à présenter, veillent dans chaque division au bon ordre, à la tenue des cabines de bains et de douches et à l'observation rigoureuse du tableau d'inscription des baigneurs.

Un interprète pour la langue anglaise est à demeure dans l'établissement pendant les heures de service.

Tout le personnel est tenu à la plus grande politesse vis-à-vis des malades et des visiteurs, il est d'ailleurs recruté presque en entier dans le pays même, c'est-à-dire parmi cette population savoisienne, dont l'accueil est partout affable, hospitalier, et dont l'air de bonté et de franchise que l'on rencontre sur toutes les physionomies lui a concilié de tout temps la confiance et l'affection des étrangers.

Le bureau d'inscription où tout malade doit se rendre aussitôt après avoir consulté son médecin, ou envoyer un domestique de la maison dans laquelle il est logé, afin de se faire inscrire pour les heures des douches, est situé à gauche, au-dessus du grand escalier, qui fait face à la porte principale de l'établissement.

Un concierge, des messagers, sont là du reste pour renseigner et conduire les étrangers.

Ce bureau est ouvert de 9 heures à 11 heures du matin et de 2 heures à 5 heures du soir.

Le service à l'établissement commence du reste de très bonne heure ; pendant les mois de juillet et d'août, celui-ci est ouvert à partir de 3 heures et demie du matin jusqu'à 11 heures et de 2 heures à 5 heures du soir.

Pour les malades qui ne peuvent faire le trajet à pied en raison de leurs infirmités, il existe à l'établissement même un service de porteurs avec chaises à porteurs.

Les distributeurs des billets de bains et douches sont également chargés de la délivrance des cartes de portage.

L'établissement fournit tout le linge nécessaire pour le service des douches et des bains, sauf cependant aux personnes qui se font porter. Pour celles qui demandent du linge chaud en dehors de celui compris dans le prix du bain, il est perçu un supplément indiqué dans le tarif ci-dessous, en plus du prix de chaque opération.

LA CHAISE A PORTEUR

Les malades feront bien néanmoins d'apporter avec eux de longues chemises ou des peignoirs de grosse flanelle, pour s'envelopper au sortir de la douche ou du bain.

Beaucoup de malades, qui s'adressent directement à la Direction pour obtenir certains renseignements, tant sur la ville d'Aix que sur l'établissement thermal, s'imaginent qu'il existe un médecin attaché à l'établissement, ou encore que celui-ci peut recevoir des pensionnaires; c'est là une erreur qu'il importe de dissiper : l'établissement ne comprend uniquement que des salles de bains ou de douches, et c'est dans les hôtels, villas ou pensions de la ville que les malades doivent descendre; en ce qui concerne les médecins, aucun n'est attaché spécialement à l'établissement.

Il n'est pas non plus dans le rôle et dans les attributions de la Direction d'indiquer aux baigneurs qui le lui demandent quelquefois, des renseignements en vue du choix de leur médecin ou de leur hôtel.

RÈGLEMENT

POUR L'ÉTABLISSEMENT THERMAL D'AIX-LES-BAINS

Le dernier règlement de l'établissement thermal d'Aix-les-Bains a été arrêté le 15 juin 1890 par M. Constans, alors ministre de l'Intérieur.

Nous donnons ici tous ceux des articles qui peuvent intéresser les baigneurs.

Distribution et usage des cartes de douches-massages, bains, etc., dispositions concernant les malades.

ART. 19. — Les malades payants et non-payants peuvent prendre à la fois le nombre de cartes nécessaires à leur traitement. Il en est tenu compte par les distributeurs.

ART 20. — Le malade muni de sa carte peut, sans autre formalité, se présenter directement au service qu'elle indique, où elle est reçue par le surveillant de la division.

ART. 21. — Toute carte non utilisée peut être restituée à l'agent comptable et remboursée, s'il y a lieu, ou échangée contre une autre donnant droit à un mode d'emploi des eaux différent.

Art. 22. — Les malades munis de cartes payantes ou non payantes qui tiennent à prendre leurs douches et bains à heure fixe doivent se faire inscrire au bureau du receveur agent-comptable, qui tient registre à cet effet, et leur délivre, pour chaque carte dont ils sont porteurs et qu'ils gardent, une autre carte spéciale nominative, portant le même numéro d'ordre que celle délivrée par le distributeur, et indiquant l'heure et le cabinet auxquels le malade a droit (1). Cette carte doit être remise au surveillant et annulée en même temps que celle délivrée par le distributeur.

Art. 23. — Le malade doit se présenter à son cabinet de douche ou de bain à l'heure précise indiquée sur sa carte.

Si le malade ne répond pas à l'appel de son nom, le surveillant attend cinq minutes, après lesquelles, il introduit à la place de l'inscrit une personne attendant une vacance ou, à défaut, toute autre personne présente.

Art. 24. — Le malade qui n'a pas répondu à l'appel perd, pour la journée, son tour d'inscription.

Art. 25. — En cas d'absence pendant trois jours consécutifs, le cabinet devient définitivement disponible, et est attribué à un autre baigneur attendant une vacance.

Art. 26. — Le malade déchu de son droit attend, pour reprendre sa cure à heure fixe, qu'un cabinet devienne libre.

Art. 27. — Dans le service ordinaire, la durée de la douche ne peut excéder vingt minutes, et celle du bain en baignoire une heure y compris l'entrée et la sortie (2).

Art. 29. — Les enfants au-dessous de cinq ans sont admis avec leurs parents, sans augmentation de prix, dans les bains en piscine ou en baignoire.

Art. 30. — Toute personne dont la maladie peut être une cause de répulsion et, à plus forte raison, de danger de contamination, est exclue absolument des piscines, et ne peut entrer dans les cabinets dits *bouillons*, au moment du service.

---

(1) On ne saurait trop engager les malades à se faire inscrire. Un malade non inscrit ne peut prendre la douche ou le bain que dans l'intervalle libre entre deux inscriptions, sans pouvoir retarder celle qui suit, ce qui entraînerait un retard pour toutes les autres.

(2) Pour les enfants qui se présentent seuls, la durée du bain en piscine ne peut dépasser 20 minutes; ils doivent être munis d'une autorisation de leurs parents.

Art. 32. — Les heures sont réglées sur l'horloge de l'établissement.

Tarif des bains, douches, etc.

Art. 50. — Le tarif des bains, douches, piscines, vapeurs et autres modes d'emploi des eaux, ainsi que du portage et de la visite des grottes, est réglé conformément au tableau ci-après.

	Plein tarif.		Demi-tarif.	
	fr.	c.	fr.	c.
Douches de luxe (nouvelle Annexe).................	4	»	2	»
Bouillon seul de la nouvelle Annexe..............	2	»	1	»
Douches de luxe avec bain (nouvelle Annexe)......	5	»	2	50
Douches locales de la { Après 6 h. du matin.........	2	»	1	»
nouvelle Annexe. { Avant 6 h. du matin........	1	50	0	75
Douches du Soubassement et de l'Annexe sud.......	2	50	1	25
Bouillon seul	1	50	0	75
Douches de l'Annexe avec bain....................	3	»	1	50
Douches des Princes-neufs........................	2	»	1	»
Douches des Princes-vieux, { Après 6 h. du matin...	2	»	1	»
Douches neuves. { Avant 6 h. du matin...	1	50	0	75
Douches à colonnes..............................	2	»	1	»
Douches moyennes................................	1	50	0	75
Vaporium, Albertins, Centre.....................	1	»	0	50
Vapeur Berthollet { Après 6 h. du matin...........	1	50	0	75
{ Avant 6 h. du matin...........	1	»	0	50
Douches en cercle, lame, { Après 6 h. du matin....	1	50	0	75
etc. salle d'hydrothérapie. { Avant 6 h. du matin....	1	»	0	50
Douches pharyngiennes, humage, inhalation........	1	»	0	50
Douches locales { Après 6 heures du matin.........	1	25	0	70
des Albertins. { Avant 6 heures du matin........	1	»	0	50
Douches ascendantes...................	0	50	0	25
Bains de pieds..................................	0	50	0	25
Bains réfrigérés en baignoires { Ap. 6 h. du mat..	2	»	1	»
avec ou sans la douche pulvérisée { Av. 6 h. du mat..	1	50	0	75
Bains ordinaires. { Après 6 heures du matin.......	1	50	0	75
{ Avant 6 heures du matin......	1	»	0	50
Piscines, grandes { Hommes	1	50	0	75
et petites. { Femmes....................	1	25	0	70
Piscines des Albertins..........................	0	50	0	25
Piscines de familles : l'heure....................	10	»	»	»

		Plein tarif.	Demi-tarif.
		fr. c.	fr. c.
Visites des Grottes	Jours ordinaires	0 50	» »
	Jours d'illumination	1 »	» »
Supplément de linge		0 50	» »
Peignoirs		0 25	» »
Serviettes		» 10	» »
Fonds de bains		0 40	» »

Portage.

	Portage simple	Portage double.
1re zone	1 »	2 »
2e —	1 75	3 »
3e —	2 »	3 50

Les portages au delà d'un rayon déterminé sont l'objet d'un tarif spécial, calculé selon la distance.

(Février 1899.)

ART. 51. — En dehors des heures de service ordinaire, il peut être administré, en vertu d'une prescription médicale, moyennant une redevance qui pourra être du double de celle du tarif :

1° Des douches et étuves dont la durée peut dépasser vingt minutes ;

2° Des douches qui exigent un nombre d'hommes de service plus grand que d'habitude, ou l'emploi d'appareils compliqués, ou des préparatifs longs et embarrassants ;

3° Des douches réclamées par des personnes affectées de maladies repoussantes ou contagieuses.

SERVICE DE LA GRATUITÉ

ART. 52. — Le service de la gratuité à l'établissement thermal d'Aix-les-Bains s'applique à quatre catégories de baigneurs, savoir :

I. — Les indigents ;

II. — Les habitants de la ville d'Aix-les-Bains ;

III. — Les médecins français et étrangers ;

IV. — Les personnes comprises dans les catégories suivantes :

1° Les malades personnellement autorisés par le ministre de l'Intérieur ;

2° Les agents ou employés de l'État, des départements, des communes ou de l'assistance publique, hospitalisés ou non , en possession soit d'un traitement ou d'émoluments annuels, soit d'une pension de retraite, inférieurs à 3.600 francs; la femme, la veuve non remariée de ces agents ou employés, leurs enfants vivant à la charge de la famille ;

3° Les militaires des armées de terre et de mer, jusqu'au grade de capitaine inclusivement, en activité ou en retraite; la femme, la veuve non remariée de ces militaires, leurs enfants vivant à la charge de la famille;

4° Les ouvriers agricoles ou industriels, leur femme ou veuve non remariée, leurs enfants vivant à la charge de la famille ;

5° Les pharmaciens français ou étrangers ;

6° Les missionnaires français ou étrangers ;

7° Les membres participants des Sociétés de secours mutuels ;

8° Les malades suisses envoyés à Aix-les-Bains en vertu de fondations charitables.

Les malades appartenant aux diverses catégories énumérées ci-dessus justifient de leur droit à la gratuité par la production soit d'une lettre d'autorisation, soit de pièces ou de certificats authentiques établissant leur identité et la position dont ils excipent (certificats délivrés par le chef départemental du service constatant que les appointements ou émoluments annuels sont inférieurs à 3.600 francs. — Titre de pension. — Feuille de congé ou de permission. — Certificat légalisé du président de la Société de secours mutuels. Certificat du commissaire de police visé par le maire pour les ouvriers et leur famille (4°), etc., etc.

Art. 53. — *Indigents.* — La gratuité de la cure thermale est due aux indigents: ceux-ci, hospitalisés ou non, doivent être munis d'un certificat d'indigence délivré par le maire et d'un extrait du rôle des contributions directes délivré par le percepteur et également visé par le maire.

Les domestiques des deux sexes sont admis à jouir de la même faveur, en présentant des certificats analogues.

Les malades désignés au paragraphe premier du présent article pourront seuls obtenir le portage gratuit, avec l'autorisation du directeur, si ce portage est prescrit par le médecin ; mais ils doivent fournir leur linge, couvertures, etc.; seuls aussi ils ont droit au traitement gratuit des médecins inscrits au tableau.

ART. 54. — *Habitants d'Aix-les-Bains.* — Ne sont considérés comme habitants d'Aix-les-Bains que les Français ayant leur domicile légal dans la commune, y payant la cote personnelle, inscrits sur les listes électorales, etc. Sont assimilés aux habitants d'Aix-les Bains, les musiciens, les artistes lyriques et dramatiques, exerçant leur profession à Aix-les-Bains pendant la durée de la saison.

ART. 55. — *Médecins.* — Conformément à l'usage en vigueur, les médecins français ou étrangers sont admis à titre gratuit, soit en justifiant de leur identité par des pièces authentiques, soit sur la présentation d'un des médecins en exercice à Aix-les-Bains.

ART. 56. — *Époques fixées pour la gratuité.* — Pour tous les malades admis à titre gratuit à l'établissement thermal d'Aix-les-Bains, le traitement ne peut être commencé avant le 1er avril, ni continué après le 1er juin pour la première période; avant le 15 septembre et après le 15 novembre pour la deuxième période, à moins d'autorisation spéciale du ministre de l'Intérieur.

Par exception:

a) Les membres de l'enseignement public peuvent commencer leur traitement dès le 1er septembre;

b) Les habitants d'Aix-les-Bains peuvent prendre en toute saison des bains dans les piscines habituellement affectées à leur usage et, en cas de maladie *aiguë*, dans les autres locaux disponibles de l'établissement, suivant la prescription de leur médecin.

c) Les médecins, à l'exclusion de leur famille, jouissent de la gratuité même entre le 1er juin et le 15 septembre;

d) Les indigents hospitalisés sont admis du 1er avril au 15 novembre;

e) Les malades de l'Algérie de la Tunisie et des autres colonies françaises sont admis du 1er avril au 15 novembre.

ART. 57. — *Demi-tarif.* Les malades désignés dans les articles précédents qui ne pourraient se présenter aux époques ci-dessus déterminées paieront demi-tarif, à moins qu'ils n'aient obtenu une autorisation spéciale du ministre de l'Intérieur.

ART. 58. — *Heures de traitement.* Les heures affectées au traitement des malades gratuits sont fixées par le directeur d'après les exigences du service.

Art. 60. — Les malades de nationalité étrangère, quelle que soit la durée de leur séjour en France, ne peuvent jouir de la gratuité du traitement thermal qu'en vertu d'une autorisation ministérielle, obtenue chaque année à la suite d'une demande écrite sur papier timbré, et transmise, avec avis motivé, par le préfet du département où ils résident.

Art. 61. — Comme dédommagement du surcroît de fatigue qu'ils imposent aux doucheurs et doucheuses, les malades compris dans le paragraphe IV (nᵒˢ 1 à 7) de l'article 52, traités gratuitement à l'établissement thermal, doivent à leur arrivée verser entre les mains du receveur agent-comptable une somme de 6 francs pour les employés qui leur donnent leurs soins.

Sont exemptés de ce versement les militaires au-dessous du rang d'officier et les fonctionnaires, employés et agents ayant un traitement inférieur à 1.000 francs.

Art. 62. — Tous les malades admis à la gratuité doivent se présenter au bureau de l'agent-comptable aux heures fixées d'après les besoins du service, pour justifier de leurs titres.

Deux établissements hospitaliers indépendants de l'établissement reçoivent les malades en vertu de règlements dont voici les principales dispositions :

Hospice thermal Reine-Hortense.

Conditions pour être admis à l'hospice thermal d'Aix-les-Bains durant la saison thermale, qui commence au 1ᵉʳ mai et finit le 1ᵉʳ octobre de chaque année.

Tout malade qui désire une place payante à ses frais doit écrire à l'avance au directeur dudit hospice, qui lui envoie les renseignements nécessaires.

Pièces à produire. — 1° Un certificat d'indigence délivré par le maire de la commune du postulant;

2° Une attestation du percepteur constatant qu'il ne paye pas d'impôts ou qu'il paye moins de 10 francs.

Porteur de ces deux pièces, le malade se présente au jour indiqué. Il est tenu de payer 2 fr. 40 par jour.

Ce prix comprend : nourriture, logement, soins du médecin, médicaments et traitement thermal.

Moyennant un supplément de 1 fr. 10, soit 3 fr. 50 par jour, le régime alimentaire est modifié.

Les quelques chambres particulières à la disposition des malades se paient 6 francs par jour.

Les religieux et religieuses de tous ordres sont dispensés de produire des certificats à l'appui de leur demande ; les ecclésiatiques seuls doivent présenter un certificat de leur évêque constatant une gêne pécuniaire, légalisé par le maire de leur résidence.

Les malades appelés à bénéficier des fondations offertes à la Savoie et à la Haute-Savoie sont désignés par les préfets de ces deux départements.

D'autres fondations particulières à la disposition des ayants droit sont exclusivement locales.

Un grand nombre de départements, plusieurs villes manufacturières, quelques établissements charitables et des associations ouvrières envoient chaque année de nombreux malades à l'hospice thermal d'Aix-les-Bains pour suivre un traitement. Le prix est le même pour ces baigneurs indigents, dont les frais de séjour se paient à la fin de chaque saison d'été par les soins de M. le préfet, en un bon sur le Trésor.

Les demandes de gratuité doivent être adressées au préfet du département habité par l'intéressé.

Asile évangélique.

L'asile évangélique est destiné spécialement, mais non exclusivement, aux malades protestants.

L'asile est soutenu par des dons volontaires.

Conditions d'admission. — 1° Être recommandé par une personne connue, et écrire d'avance au directeur pour savoir à quelle époque on pourra être reçu ;

2° Avoir un certificat médical ordonnant les eaux d'Aix ;

3° Fournir un certificat du maire de sa commune constatant que l'on ne peut payer les eaux. Sont dispensés de ce certificat les instituteurs, les institutrices et leurs familles, les pasteurs chargés du service religieux ;

4° Payer, en entrant, de 2 à 3 fr. 50 par jour, selon la chambre choisie, tous frais compris, sauf le blanchissage personnel et les porteurs s'il en faut ;

5° Payer, en se faisant inscrire, un droit d'entrée de 10 francs, destiné à éviter les inscriptions inconsidérées et à contribuer à la formation d'un fonds de réserve ;

6° Ne pas arriver par les trains de nuit ;

7° Se munir, sauf indigence absolue, de deux serviettes, d'un drap et d'une couverture en laine pour les bains.

LE LAC DU BOURGET

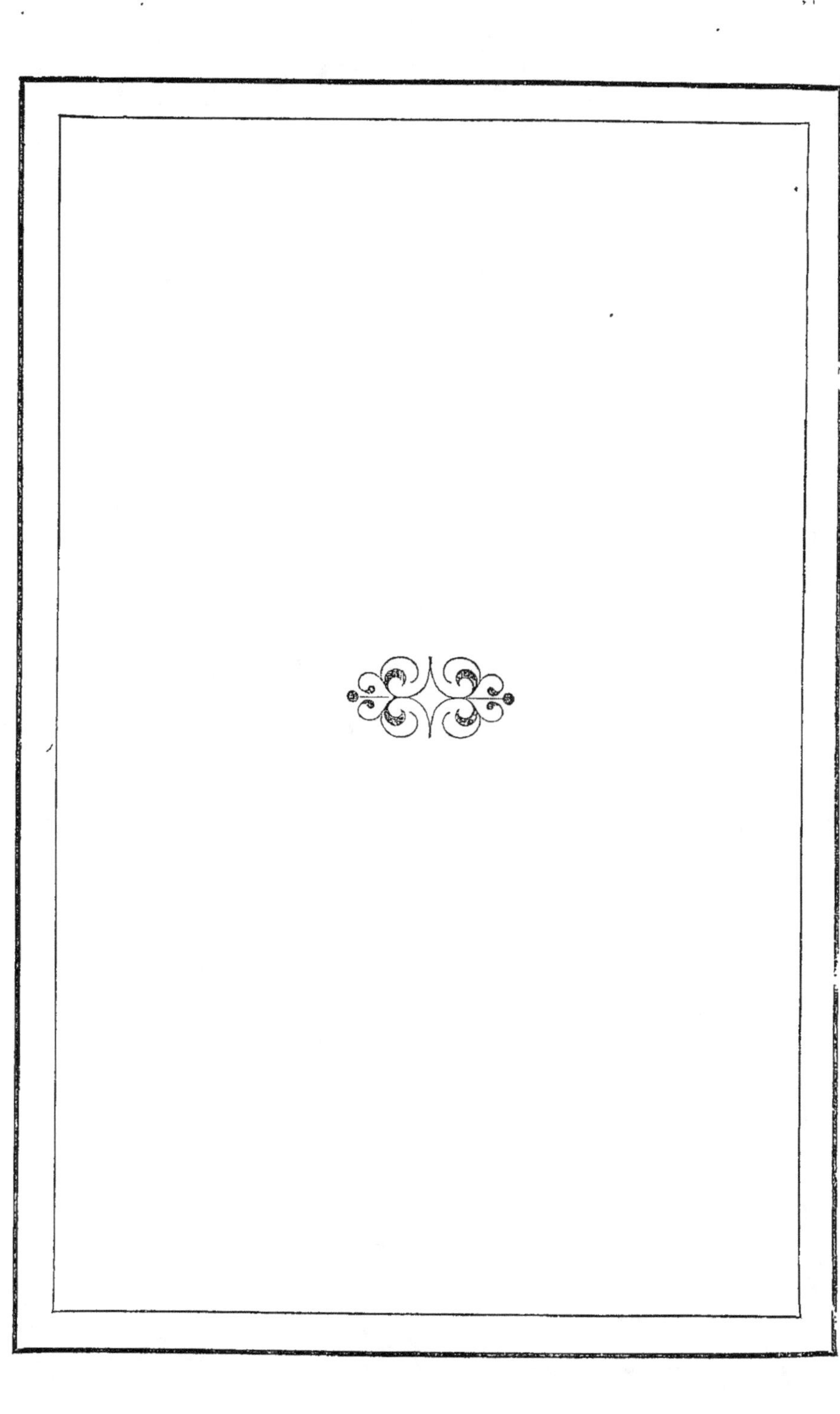

www.ingramcontent.com/pod-product-compliance
Lightning Source LLC
Chambersburg PA
CBHW061747060726
47597CB00007B/2809